# RESPONSE
## A MONSIEVR PAPIN
## Docteur en Medecine,
## *TOVCHANT*
## *LA POVDRE DE SYMPATHIE.*

*Par* ISAAC CATTIER *Docteur en Medecine de l'Vniuersité de Montpellier, Conseiller & Medecin ordinaire du Roy.*

A PARIS,
De l'Imprimerie d'EDME MARTIN,
ruë S. Iacques, au Soleil d'or.

M. DC. LI.

*Les Exemplaires se distribuent chez l'Autheur Place Dauphine.*

# A MONSIEVR MONSIEVR PAPIN Docteur en Medecine.

ONSIEVR,

*Ie ne vous puis celer que i'ay leu la Defense que vous auez entreprise pour la Poudre de Sympathie, & que vous m'auez fait l'honneur de m'adresser, auec beaucoup de plaisir & de contentement, y ayant rencontré toute la grace & toute l'inuention qui peuuent orner vn discours: cependant ie ne puis m'empescher de vous dire, que ie n'y ay pas trouué assez de force pour me contraindre & pour m'obliger à suiure vostre party. Vous ne vous estonnerez donc pas si vous me trouuez encore vne fois les armes à la main pour vous resister: &*

*comme vous auez employé beaucoup d'industrie à soustenir vne mauuaise cause, i'espere aussi trouuer d'autant plus de gloire dans sa ruine. Peut-estre,* MONSIEVR, *que vous m'accuserez d'ambition; mais vous considererez s'il vous plaist que c'est vne passion en quelque sorte requise dans la dispute aussi bien qu'en la guerre, pour soustenir l'esprit & le courage, & pour l'empescher d'estre rampant. Ce n'est pas que ie veüille dire qu'il faille estre ialoux de ses opinions, iusques au poinct de ne pouuoir souffrir qu'on les choque sans échauffer sa bile, & sans témoigner beaucoup d'aigreur; puisque dans tout mon procedé i'ay essayé autant que i'ay pû de vous faire voir que ie n'approuue pas cette maniere d'agir. Que si neantmoins il m'est arriué dans la chaleur du discours, de laisser échaper quelques paroles vn peu libres, ie vous prie* de croire que c'est sans perdre le respect que ie vous dois, & sans diminuer en aucune sorte l'estime que ie fais de vostre sçauoir. Ie ne croy pas aussi faillir, si ie prends la liberté de vous adresser la réponse au liure que vous auez fait en faueur de la Poudre de Sympathie, puisque ie ne puis pas m'imaginer que ce soit vn crime de suiure vostre exemple. Ie voudrois qu'il me fust autant permis de vous imiter dans la beauté du langage, dans la facilité de s'énoncer, & dans tout le reste des belles qualitez que vous possedez. Et si i'ay le déplaisir de ne pouuoir atteindre à ces perfections, ie me contenteray de les admirer, & témoigneray tousiours auoir receu beaucoup de satisfaction d'auoir eu l'honneur de vous connoistre, & de vous pouuoir asseurer que ie suis,

MONSIEVR,

Vostre tres humble & obeyssant seruiteur, I. CATTIER.

*A Paris ce 21. Mars 1651.*

Σφαλερὴ καὶ εὔπταιστος ἡ μετ' ἀδολεσχίης ἰσχύρησις. Ἱπποκράτ. ἐν ταῖς παραγγελίαις.

# RESPONSE A MONSIEVR PAPIN Docteur en Medecine,

## *Touchant la Poudre de Sympathie.*

IL y a quelques années que la Poudre de Sympathie fut en plus grande recommandation pour la guerison des playes que pas vn autre remede, & fut estimée vn des plus grands & des plus admirables secrets que la nature nous pouuoit fournir. Sa composition estoit vn mystere qu'on ne reueloit qu'à grand prix d'argent : l'inuention en parut si belle, que plusieurs personnes de condition voulurent posseder ce thresor ; & l'vsage en sembla si vtile & si agreable aux blessez, qu'ils creurent se pouuoir passer de tous les autres medicamens. Mais comme les choses qui ont apparence de nouueauté, sont receuës au commencement auec applaudissement; aussi ne me suis-ie pas beaucoup estonné si d'abord tant de personnes auoient recours à cette Poudre, comme à quelque remede infaillible & bien asseuré, me persuadant aysément que le temps luy feroit perdre beaucoup de son credit, lors qu'il auroit fait connoistre par les effets, le peu de raison qu'il y a de se reposer sur la vertu de ce remede.

Et de fait, plusieurs ont remarqué que la gangrene & mortification suruenoit assez souuent aux parties blessées aprés l'vsage de cette Poudre, lesquelles on n'auroit iamais esté contraint d'extirper, si dés le commencement elles eussent esté traitées d'vne autre sorte. Il y a des Chirurgiens en cette ville & ailleurs dignes de foy, qui ont suiuy les Princes aux armées, lesquels peuuent rendre témoignage de cette verité; & ne faudroit pas employer beaucoup de raisons pour persuader vne chose si éuidente, s'il ne se trouuoit encore des perſonnes qui fauoriſent de tout leur poſſible l'opinion contraire, & tâchent de nous ietter de la poudre aux yeux pour nous ébloüir.

Cette conſideration m'obligea il y a quelque temps, de donner à la priere de mes amis, vn Diſcours que i'auois prononcé en public, par lequel ie faiſois voir la vanité de cette opinion, combatant les raiſons de ceux qui defendent la Poudre de Sympathie; & qui nous veulent faire paſſer pour ſouueraine loy, les productions de leur imagination. Ie n'eus pour lors autre deſſein que de faire voir la foibleſſe de ceux qui ſouſtenoient ce party, ſans vouloir m'attacher à aucun particulier. Cependant Monſieur Papin ſçauant Medecin, ayant fait auparauant vn traité en Latin pour la Poudre de Sympathie, s'eſt imaginé que i'auois entrepris de le refuter, quoy que pour lors ſon Liure ne fuſt pas encore venu à ma connoiſſance: c'eſt pourquoy il ne doit plus s'eſtonner ſi ie fis ce Diſcours en langue vulgaire, puiſque ie ne croyois pas auoir affaire auec luy.

C'est ce qui luy a fait croire qu'il estoit interessé en cette cause, & luy a fait mettre encore vne fois la main à la plume pour defendre son party, & pour seruir de réponse au Discours que i'en auois fait.

Ainsi ie me trouue insensiblement engagé dans vne dispute que ie ne preuoyois & n'attendois pas, puisqu'il semble que ce traité, que Monsieur Papin m'a fait l'honneur de m'adresser, est vn cartel de défy que ie suis contraint d'accepter.

Auant donc que i'entreprenne de répondre à chaque partie de son Liure; ie iuge qu'il est à propos d'en faire vne censure generale, & de declarer quel iugement ie fais des deux Liures qu'il a composez sur ce suiet: il semble m'auoir d'autant plus induit à ce faire, que m'ayant traité assez ciuilement dans l'Epistre qu'il m'adresse, neantmoins il dit au commencement de son ouurage, que tout ce qu'il a rencontré dans le Discours que i'auois fait contre les qualitez que l'on attribuë à la Poudre de Sympathie, *luy a semblé si foible & si peu capable d'ébranler ses premieres pensées, qu'elles luy en ont semblé meilleures*; comme qui flateroit d'vne main vne personne & luy donneroit vn soufflet de l'autre. A la verité ie ne trouue pas cela fort estrange, puisque c'est vne chose assez ordinaire que de se flater en ses opinions. Toutefois ie ne le puis entierement excuser, veu qu'il deuoit en laisser le iugement au lecteur, suiuant ce dire ordinaire, Que personne ne doit estre iuge en sa propre cause; c'est ce qu'il auouë en suitte, reconnoissant aucunement son erreur, disant qu'il veut laisser au public la liberté d'en iuger.

Ie dis donc aprés auoir consideré exactement les moyens qu'il employe en sa Defense pour la Poudre de Sympathie, que cét ouurage ressemble à vn edifice qui n'a aucun solide fondement, & qui n'est appuyé que sur du sable mouuant, lequel est prest de tomber au moindre choc & secousse qu'il pourra receuoir, quelque peine que l'on ait pris d'ailleurs à l'enrichir de diuerses parures & ornemens. Car tous les raisonnemens dont il se sert, sont appuyez sur des maximes

fausses, & sur des suppositions qu'il met en auant sans aucune preuue, comme si on n'en deuoit non plus douter que de la verité des premiers principes. C'est ainsi qu'il establit en la nature des choses vn esprit vniuersel, lequel entretient vn commerce & vne si grande correspondance auec toutes les parties du monde, qu'il leur porte & leur fournit en vn instant ce qu'elles n'ont pas, & leur communique des qualitez admirables, deriuées de l'influence des astres; comme l'on peut recueillir de ce qu'il
Pag. 11. dit parlãt de la nature de cét esprit, *Que c'est vne substance imperceptible qui est répanduë par tout, laquelle sert comme d'organe, pour transporter toutes les facultez qui surpassent la nature des elemens :* comme encore lors qu'il approuue cette opinion absurde & ridicule de ceux, qui attribuent aux figures grauées sur des pierres precieuses, des vertus celestes & des qualitez sympathiques, auec des choses qui n'ont aucun rapport & proportion
Pag. 7. tion entr'elles, quand il dit que cette partie est vne des plus puissantes pour appuyer les remedes sympathiques, &

qui nous fournit vn valable préiugé des admirables effets de la nature. Voyez ie vous prie quel fondement il a trouué pour appuyer & fortifier son opinion, & comme il veut faire passer des réueries & des creances superstitieuses, pour des veritez indubitables. De mesme il tient pour asseuré que l'estoile du Nort attire l'ayman, quoy qu'il y ait beaucoup d'inconuenient à admettre cette opinion: & pense auoir prouué fortement l'effet prétendu de la Poudre Sympathique, par cét exemple qu'il met en auant. Ie mets en mesme rang ce qu'il dit de l'humide radical, qui reste dans le sang coulé de la playe & separé du corps, lequel retourne en sa source.

Magnetem Cynosura allicit.

*Pag. 3. Dissertat. de pulu. symp.*

*Pag. 29. de sa Defense.*

Ces maximes si estranges qui peuuent passer pour des prodiges en Medecine, me firẽt naistre la pensée, que nostre Autheur auoit entrepris de defẽdre la Poudre de Sympathie, plûtost pour s'égayer, & faire voir la subtilité & gentillesse de son esprit, que pour faire croire qu'il étoit persuadé de ce qu'il disoit, & pour cõtraindre par la force de ces raisonnemens les esprits à se ranger de son costé,

Quoy qu'il en ſoit, ie ne laiſſeray pas d'examiner les raiſons par leſquelles il croit auoir pleinement ſatisfait à mes obiections, & les moyens dont il ſe ſert pour ſouſtenir ſon opinion, ne me propoſant aucun ordre que celuy qu'il a tenu en la ſuitte de ſon Diſcours, & me contentant de le ſuiure pas à pas.

Il dit premierement qu'il ne voit point que i'aye allegué aucune obiection contre les effets ſympathiques qui arriuent en la nature, & qu'il ſemble que i'en aye parlé pluſtoſt comme les admettant, que les improuuant. A quoy ie réponds qu'il faut icy diſtinguer touchant la puiſſance qui produit ces effets: l'vne eſtant phyſique & naturelle, & l'autre metaphyſique & ſurnaturelle; la premiere agit conformément à ſa nature; & quoy qu'elle ne ſoit pas bien éuidente, ſoit qu'elle procede de la forme, ou qu'elle vienne de la particuliere temperature de la choſe, elle ne fait rien neantmoins qui ſoit au deſſus de ſa condition, c'eſt à dire, qu'elle produit ſon action ſans violer les loix de la nature. Cette qualité ſe trouue dans les plantes, dans les animaux, & dans les mineraux lesquels Galien recommande, & lesquels on peut sans scrupule employer dans les maladies, pourueu qu'ils ne soient pas accompagnez d'aucune superstition, comme de prononcer quelques paroles à voix basse plusieurs & diuerses fois, ou d'obseruer d'autres ceremonies ridicules. Ainsi l'on croit que la racine de piuoine, & le guy de chesne pendus au col guerissent l'epilepsie, que le vif argent porté dãs vne ceinture sur le corps tuë la vermine, & que la pierre d'aigle portée à la cuisse facilite l'enfantement; Quoy que nous ne deuions pas tousiours estre asseurez de l'effet de ces remedes, si ce n'est que l'experience nous en ait donné vne parfaite connoissance.

Et veritablement c'est vne sagesse de ne rien croire legerement & aueuglément. Car comme ceux-là sont temeraires qui veulent mettre la nature en brassiere, ou qui luy veulent mettre les fers aux pieds, resserrant trop estroittement l'estenduë de sa puissance : ainsi ceux-là sont trop superstitieux & trop

Neruus sapientiæ est non temerè credere.

credules, qui reçoiuent auidement tout ce qu'ils entendent dire, ou lisent dans les autheurs touchant les vertus & admirables effets de certains remedes, veu que l'Histoire naturelle est toute remplie de contes fabuleux: comme par exemple, que les petits de la vipere rongent le ventre de leur mere pour en sortir, que le castor s'arrache les genitoires quand il se voit poursuiuy des chasseurs, que l'austruche digere le fer, que l'ourse fait ses petits semblables à vne masse de chair, & que puis aprés elle les forme par son léchemẽt; que le cameleon vit d'air; que l'homme qui a veu le premier vn loup deuient enroüé; que l'inflammation suruient à vne playe, & que les maladies redoublẽt s'il suruient quelqu'vn en la maison qui ait fait vn voyage à pied; que le sang de bouc amollit le diamant; que l'ayman estant frotté d'ail, ou estant proche d'vn diamant, n'attire pas le fer; que le mesme ayman estant mis sous la teste d'vne femme qui dort, donnera à connoistre à son mary si elle en ayme vn autre; car si estant réueillée elle l'embrasse ardemment c'est vn

*R. Hannase lib. de lapidibus pretiosis Hebraicè conscripto.*

vn témoignage de sa chasteté ; que si elle se leue du lict, c'est vn signe de son infidelité ; que cette pierre mise sur des charbons aux quatre coins d'vne maison, fait fuir tous ceux qui sont dedans, & donne lieu aux voleurs d'en emporter ce qu'ils voudront, & vne infinité de choses semblables dont on repaist les ignorans.

*Quæ neque sunt vsquam, neque possunt esse profectò.*

L'autre vertu que l'on appelle metaphysique & surnaturelle, qui produit des effets sympathiques, est celle que l'on attribuë au xparoles, ou à certaines figures & characteres grauez sur des pierres precieuses & sur des anneaux, lesquels on porte au doigt ou pendus au col : Ainsi dans Homere les enfans d'Autolycus arresterent auec quelques paroles le sang d'Vlysse, & Circé changea les compagnons du mesme Vlysse en pourceaux.

*Odyss. 19.*

*Odyss. 10.*

Philostrate rapporte qu'Apollonius par le moyen de certains anneaux vécut plus de cent trente ans. Ioseph en dit de mesme de Moyse & de Salomon.

Vn Senateur Romain nommé Marcus Seruilius Nouianus, portoit pendu à ſon col vn billet où eſtoient écrites ces deux lettres P, & A, pour guérir le mal des yeux auquel il eſtoit ſuiet. Serenus Sammonicus recommande contre la fiéure double-tierce ce mot *Abracadabra*. Toutes leſquelles choſes n'ont d'elles meſmes aucune puiſſance naturelle pour produire tels effets : dautant que la quantité, à laquelle ſe rapporte le nombre & la figure, eſt de ſoy oyſiue, & ne peut eſtre le principe d'aucune action, il n'y a que la qualité qui aye ce droit. Et par conſequent les paroles qui ſe rapportent au nombre, & les characteres qui ſe reduiſent ſous la figure, ne pourront naturellement parlant, produire aucun effet : car les paroles eſtans les images de nos penſées, ne peuuent pas auoir plus de force & de vertu, que les choſes dont elles ſont les images, & ces paroles n'ayans ſouuẽt aucune ſignification, ne peuuẽt auſſi vrayſemblablement auoir aucune vertu.

*Cap. 52.* Inſcribis chartæ quod dicitur *Abracadabra.* ſæpiùs & ſubter repetes, *&c.*

Que ſi neantmoins on a reconnu que les paroles & les characteres produiſoient des effets admirables en la gueriſon des maladies, il faut auouër de neceſſité que ce n'eſt pas par aucune vertu naturelle, mais par l'entremiſe du Demon qui produit ces effets à la preſence de ces ſignes : ce que Galien ſemble reconnoiſtre en vn Liure qu'il a fait de la proprieté des choſes, & qui n'eſt pas venu iuſques à nous : Trallian qui auoit leu ce liure en recite les paroles : Cap. 4. li. 9. Pluſieurs, dit-il, croyent que les enchantemens ſont des contes de vieille, comme i'ay creu auſſi autrefois; mais auec le temps i'ay eſté perſuadé, par des apparences toutes euidentes, qu'elles n'eſtoient pas ſans efficace, & ay éprouué par leur moyen vn grand ſoulagement dans les piqueures de ſcorpion, comme auſſi lors que quelque arreſte ou eſquille d'os, eſtoient demeurées dans le goſier, leſquelles ont eſté reiettées dehors par la vertu des charmes & enchantements.

Il eſt vray que Trallian approuue l'vſage de ces choſes pour ſurmonter & chaſſer les maladies, lors que les remedes ordinaires n'ont pas aſſez de

*Ibidem.* καλὸν νικᾶν καὶ πάσῃ μηχανῇ βοηθεῖν. *& paulo infrà.* καὶ πολλὰ γενναῖα καθ' ἕκαστόν εἰσι, καὶ ἐπῳδαὶ τυγχάνουσι τοῦ σκοποῦ.

puiſſance : c'eſt vne belle choſe, dit-il, d'employer toute ſorte de reſſorts, & de moyens, pour vaincre le mal, & ſecourir le malade, & plus bas, il dit que les enchantemens ont vne puiſſante vertu, lors qu'ils ſuiuent l'inſtitution de leur Autheur. Il adiouſte à cela qu'il y a pluſieurs remedes contre le calcul des reins ; mais qu'il n'y en a aucun qui ait tant de vertu qu'vn anneau de cuiure de Cypre, ſur lequel on ait graué vn lyon, auec vne demie lune, à l'entour duquel ſoit écrit le nom d'vne beſte, & que l'on porte au doigt annulaire.

Paracelſe qui eſtoit fort addonné à la magie & à l'yurognerie, comme témoigne Oporinus ſon diſciple, dit que les figures & les characteres ſont les boëſtes dans leſquelles le Magicien garde les vertus des Aſtres, & que la nature a donné autant de vertu aux paroles qu'aux plantes ; Il croit qu'il n'importe pas quel remede on employe pour obtenir la gueriſon, & que pour luy il auroit autant d'obligation à vn Diable qui luy auroit tendu la main pour le tirer d'vn précipice, que ſi c'eſtoit vn Ange qui luy eust rendu ce seruice : Ie laisse à iuger au Lecteur si ces aduis sont salutaires, & s'il est permis de les suiure.

L'Empereur Caracalla defendit expressément de se seruir des billets pendus au col, ou appliquez sur d'autres parties du corps. Plutarque dit que Theophraste en ses Morales, au lieu où il dispute si les mœurs des hommes se changent selon les aduantures, & si les passions & afflictions du corps les peuuent tant alterer qu'elles les fassent passer au delà des bornes que la vertu prescrit, recite que Pericles ayant esté atteint de la peste, montra vn iour à l'vn de ses amis, qui l'estoit allé visiter, quelques billets & charmes préseruatifs, que les femmes luy auoient attachez au col, pour luy faire entendre qu'il estoit fort malade, puisqu'il enduroit vne telle folie. Fernel dit qu'il a veu vne iaunisse épanduë par tout le corps estre guérie & dissipée en vne nuit, par le moyen d'vn billet pendu au col, & qu'il a veu des fiévres chassées par des billets, & par certaines ceremonies, lesquelles reuenoient en suite,

*In vita Periclis.*

*cap. 17. lib. 2. de abdit. rer. caus.* Vidi scriptâ chartulâ collo subnexâ vniuersi corporis iterum vnâ nocte

& affligeoient le malade plus cruellement qu'auparauant : c'est pourquoy il conclud que cette sorte de cure n'est pas certaine ny asseurée, mais trompeuse, captieuse, & dangereuse, qu'il n'est pas possible que le demon, qui est ennemy de l'homme, luy veüille rendre aucun bon office ; mais qu'il fait seulement semblant de le guérir, pour se faire d'autant plus admirer, & pour surprendre plus facilement les hommes dedans ses rets. Pline dit qu'il ne faut point douter que la magie ne soit venuë de la Medecine, afin que sous vn pretexte salutaire elle peust s'introduire & s'éleuer au dessus d'elle. Agrippa declare les moyens qu'elle employe pour s'insinuer dans les esprits des hommes, disant qu'il est certain que les Magiciens par les paroles & par les charmes, produisent des effets estranges, non seulement au dedans d'eux mesmes, mais aussi au dehors, & qu'ils leur attribuent vne certaine vertu & puissance d'attirer à eux les choses ou de les repousser, ne plus ne moins que l'ayman attire le fer, l'ambre la paille, &

detergeri: vidi & febres verbis, ceremoniisque quadantenus profligari; sed quæ mox similiter aut multo deteriùs recurrerent, &c.

*cap. 1. lib. 30. hist. nat.*

Nam primùm è Medicina nemo dubitat, ac specie salutari irrepsisse velut altiorem sanctiorémque quàm Medicinam.

*lib. de vanitate scient.*

que le diamant & l'ail lient la vertu de l'ayman: & par ce moyen Iamblicus, Proclus, & Synesius asseurent que par vne certaine enchaineure & sympathie des choses les vnes auec les autres, on peut receuoir d'enhaut, des dons non seulement naturels & celestes, mais aussi intellectuels & diuins; & quelques-vns d'entr'eux sont venus à vn tel excés de folie, qu'ils ont creu que sous certaines constellations & en certain temps, on pouuoit faire vne figure qui receuroit des Astres la vie & l'esprit d'intelligence, laquelle estant consultée pourroit reueler les choses cachées.

C'est à peu prés de la sorte que l'on nous veut persuader les admirables vertus que l'on attribuë à la Poudre de Sympathie, lesquelles on pretend estre deriuées de l'influence des Astres, & estre fondées sur la sympathie, & le rapport que les choses ont entr'elles. Pour fortifier cette opinion on allegue l'exemple de quelques effets sympathiques, & entr'autres celuy de l'ayman qui a la proprieté d'attirer le fer & se tourner vers le Nord, qui est le principal fondement sur lequel l'Autheur de la Defense de la Poudre de Sympathie, appuye ses coniectures, ( & lequel ie destruiray dans la suitte de mon discours) ne pouuant, ce luy semble, mettre en auant aucune experience plus certaine, pour conuaincre de fausseté l'opinion contraire à la sienne.

Car quant aux histoires tirées de Taliacotius & de Vanhelmont, i'ay assez monstré par le peu de reflexion que i'ay fait dessus, que ie ne les tenois pas pour asseurées. La principale raison qui m'a induit à les reuoquer en doute, est que ie ne les ay point leuës ailleurs que dans Helmontius, lequel a employé toute son industrie pour renuerser & destruire la veritable doctrine de la Medecine, receuë dans toutes les academies, & pour défigurer autant qu'il luy a esté possible cette belle & noble science, y introduisant plusieurs opinions monstrueuses & extrauagantes, desquelles il a remply ses ouurages: Ioint aussi que ie n'ay rien veu dans Taliacotius, qui fasse croire cette histoire veritable ; Au contraire il met en question sçauoir si l'on n'a iamais reparé la substance qui manquoit à vne partie, par l'emprunt que l'on pourroit faire de la chair d'vn autre corps, & dit qu'à la verité c'est vne chose qu'il n'a iamais leuë, ny entenduë, ny mesme essayée, ne pouuant pas se persuader qu'il se trouue aucun qui veüille accorder vne telle chose, pour estre tourmenté sans necessité. Il montre en suite plusieurs inconueniens qui empeschent de faire cette operation, & qui la rendent impossible : Car comment pourroit-on inserer le nez d'vne personne dans l'incision que l'on auroit fait dans le bras d'vne autre ; puis les lier ensemblement & y accommoder vn bandage, en telle sorte que les parties fussent tenuës toûiours dans vne mesme situation, & sans se mouuoir aucunement, pour se ioindre & s'vnir ensemble, comme il seroit requis ? comment pourroient-elles garder vne mesme posture, lors qu'vne de ces personnes, ou toutes les deux ensemble, auroient enuie de dormir, ou lors qu'ils voudroient boire & man-

*Cap. 18. lib. 1. de curtorum Chirurgia.*

An verò qua doque id generis curta ex alieno corpore restituta fuisse visum fuerit : certe neque legimus, neque audiuimus, neque attentauimus vnquam, neque qui hoc concedat vt frustra se se excruciet, vix nobis persuadere possumus.

ger, ou lors qu'ils ſeroient contraints d'aller à leurs neceſſitez.

Ie dis encore que quand meſme ces hiſtoires ſeroient veritables, que tels effets pourroient arriuer par rencontre, & par cas fortuit; ou par la force de l'imagination, qui eſt vne faculté princeſſe, laquelle exerce ſon empire ſur les facultez qui gouuernent & entretiennent l'œconomie naturelle de noſtre corps, & qui peut alterer & émouuoir nos humeurs, en telle ſorte qu'elles peuuent courir, ſe ietter d'vn lieu à l'autre, & tomber ſur des parties debiles de leur nature ou affoiblies des douleurs precedentes, comme peut-eſtre il ſeroit arriué à cette femme, de laquelle Helmontius fait mention, qui eſtoit plus cruellement tourmentée des gouttes lors qu'elle ſe repoſoit dans la chaire de ſon frere defunt : Car ie ne trouue rien de plus impertinent que ce que dit Helmontius, à ſçauoir que la mumie qui eſtoit reſtée de ce defunt, auoit rendu cette chaire contagieuſe, puiſqu'il n'y a aucun ſi peu verſé dans la connoiſſance des mala-

*lib. de magnet vulner. curat.*

dies, qu'il ne ſçache que les gouttes ne peuuent eſtre miſes au rang des maladies contagieuſes, & qui ſe peuuent communiquer d'vn ſuiet à l'autre, ſoit en diſtance, ſoit par l'attouchement, ſoit par aucune ſubſtance ou qualité maligne reſtée en quelque ſuiet.

Ie paſſe plus auant, & ie dis que quand i'aurois accordé à noſtre Autheur, ce qu'il pretend inferer de ces exemples; neantmoins il ne pourroit pas tirer de là aucun aduantage pour l'opinion qu'il defend: Car pour vne choſe miraculeuſe que l'on auroit obſeruée en la nature, ſeroit-il pour cela loiſible & raiſonnable d'en introduire pluſieurs autres de la meſme ſorte, n'ayant pour fondement que des ſimples coniectures: Ainſi ie pretends auoir fait voir aſſez clairement ce qui m'oblige à tenir la negatiue contre ces experiences, & que la Poudre de Sympathie eſt preſte d'eſtre ruinée n'ayant plus d'appuy & de ſouſtien de ce coſté là.

*Ex vno naturæ miraculo non oportet plura eiuſdem generis introducere.*

Noſtre Autheur cependant redouble ſes efforts, & pour taſcher par tous moyens d'éuiter les atteintes que l'on

*Pag. 8.* donne à ce remede, il dit que les témoignages que Hildanus & Paré rendent des mauuais ſuccés arriuez en l'vſage de cette Poudre, ne ſont pas capables de faire changer aucun d'opiniõ; que ſi Hildanus ne l'approuue pas, il ne voit pas auſſi qu'il l'improuue, & reiette les faſcheux accidens arriuez à cette Damoiſelle en l'vſage de ce remede, ſur la mauuaiſe habitude & diſpoſition du corps qui ſe rencontre dans les femmes nouuellemẽt accouchées, telle qu'eſtoit celle-cy, à cauſe du reflus des humeurs qui ſe fait naturellement de la matrice aux mammelles. Mais quoy, l'inſcription de cette obſeruation ne porte-t'elle pas aſſez manifeſtement le deſaueu de ce remede, & les mauuais accidents qui accompagnerent cette cure, ne prononcent-ils pas aſſez hautement ſa condamnation? Ie ne ſçay comment noſtre Autheur a voulu alleguer pour cauſe de l'infortune arriuée en la cure de cette playe, la mauuaiſe habitude & conſtitution de la perſonne bleſſée, puiſque Hildanus remarque expreſſément que c'eſtoit vne ieune Damoiſelle bien con-

*Obſeruat. 25. centur. 3. De infœlici ſucceſſu vnguenti Sympathici ſiue armarij.*

ſtituée, & que cette ouuerture en la mammelle ne prouenoit d'aucune cauſe interne ou mauuaiſe diſpoſition du corps; mais qu'ayant eſté accouchée heureuſement, elle receut cette bleſſure le dixiéme iour aprés ſon accouchement par hazard à coſté du tetin gauche vers le ſternum : c'eſt pourquoy il n'y a pas d'apparence de dire que la fiéure, la douleur de teſte, les friſſonnemens, & les mauuais accidens ſuruenus aprés la reünion de la playe, venoient d'vn reflus d'humeurs des parties baſſes aux mammelles, puiſque ce reflus de ſang aux mãmelles, & les accidents qui l'accompagnent, arriuent ordinairement aux femmes dans le troiſiéme & quatriéme iour aprés leur accouchement.

Noſtre Autheur voyant que cette excuſe n'eſtoit pas valable, s'eſt aduiſé d'vn autre expedient, & a dit que l'on deuoit pluſtoſt accuſer l'ignorance de l'artiſan, qui n'auoit pas obſerué toutes les conditions requiſes en l'application de ce remede, que d'accuſer cette Poudre d'impuiſſance. C'eſt ainſi qu'en vſent la pluſpart de ceux qui ne vien- Pag. 9.

nent pas à bout de leur dessein : semblables à ce personnage qui auoit promis au Roy de voler en l'air, & comme il fut prest d'en faire l'essay en sa presence, reconnoissant la temerité de son entreprise, & la difficulté de la faire reüssir, s'excusa sur ce que le vent ne luy estoit pas fauorable ; ce qui n'empescha pas qu'il ne portast la peine deuë à sa legereté, & qu'on ne le fist voler contre son gré du haut d'vne tour en bas.

Mais pour parler serieusement, ie dis que cette excuse n'est pas receuable au fait dont il s'agit : Car Hildamus remarque que cette playe estoit traittée auec grand soin, & auec toutes les conditions requises. Ie dis de plus, qu'il n'est pas necessaire de s'arrester dauantage aux témoignages que les Autheurs rendent de cette verité, puisque l'experience nous en a fourny assez d'exemples, que nous pouuons opposer à bon droit à celles que nostre Autheur vante tant, au commencement de son ouurage.

Pag. 10. Estant ainsi pressé & enuironné d'vn nombre de difficultez, il cherche de tous costez les moyens d'échapper, & de ſauuer ſa Poudre du danger où il la voit reduite : c'eſt pourquoy il appoſe certaines conditions qu'il faut obſeruer en l'application de ce remede, comme de nettoyer la playe, d'empeſcher que les leures ſe reioignent auant le fonds, de donner ordre aux inconueniens qui ſuruiennent, & enfin il en reuient à ce qu'il auoit deſia dit auparauant, que le peu d'induſtrie de l'artiſan, eſt la cauſe qui a diminué en l'eſprit de pluſieurs l'eſtime qu'ils en auoient conceuë : Mais qu'eſt-ce dire autre choſe ſinon que pour ſe ſeruir de cette Poudre, il ne faut pas negliger la cure dogmatique & ordinaire des playes, laquelle conſiſte principalement à oſter les empeſchements qui s'oppoſent à leur reünion & conſolidation, comme d'empeſcher au commencemẽt la fluxion ſur la partie bleſſée, procurer la ſuppuration, principalement lors qu'il y a contuſion, laiſſer vne libre iſſuë à la matiere, nettoyer & conſumer les chairs baueuſes & ſuperfluës, & enfin de deſeicher & de cicatrizer l'vlcere, qui eſt en vn mot faire tout de meſme, comme ſi on ne ſe ſeruoit pas de

Pag. 11.

la Poudre de Sympathie ?

Peut-estre toutefois qu'aprés auoir employé toutes ces choses, il attribuera la gloire toute entiere de la guerison à cette Poudre : Mais comme celuy qui auroit fourré sa main dans vn fagot d'épines, ne pourroit pas dire precisément quelle seroit l'épine qui l'auroit picqué : aussi ie croy que parmy tant de moyens qu'il faudroit employer pour obtenir la guerison d'vne playe, il seroit difficile à chacun de dire quel seroit celuy qui y auroit le plus contribué, pour moy ie ne ferois point de difficulté de iuger en faueur de la methode dogmatique.

*Pag.* 14. Cependant il ne peut pas si bien déguiser, qu'il ne découure la foiblesse de ce remede, lors qu'il demeure d'accord, qu'il y a par fois telle complication de mal, où la Poudre de Sympathie n'est pas suffisante, comme lors que l'hemorragie est trop grande, & que la fracture & la dislocation s'y rencontrent : qu'elle n'est pas capable de mettre la nature aux termes de pouuoir tout faire d'elle-mesme, & de se passer de

tout

tout ſecours, comme s'il diſoit que la Poudre de Sympathie eſt vne medecine qui guérit ceux qui ne ſont pas beaucoup malades. Ie ne voy pas pourtant que ceux qui ont defendu auant luy cette opinion, parlent en ces termes des effets ſympathiques, n'y en ayant aucun qui ne les éleue au deſſus de ce qui ſe fait ordinairement en la nature : d'où vient que Caton dans Pline aſſeuroit conſtamment, que les membres diſloquez ſe pouuoient reduire en leur ſituation naturelle par le moyen de certaines paroles.

Ie ne ſçay ce qu'il entend quand il dit que l'action de cette Poudre ne ſe fait paroiſtre que ſur les parties ſimilaires. Eſt-ce que l'action des parties ſimilaires, eſtant celle par laquelle elles ſe nourriſſent, ſe trouue aidée & facilitée par la vertu de cette Poudre ? Ie ne croy pas qu'il y ait aucune apparence ; puiſqu'elle ne pourroit pas faire cét effet ſans aider pareillement la coction, & ainſi deuroit eſtre appellée pluſtoſt Poudre digeſtiue, que Poudre de Sympathie. On ne pourra iamais conceuoir comment vne choſe fort éloignée de nous, par vne ſimple qualité qu'elle communique à trauers d'vn long eſpace, peut fortifier noſtre nature, & entretenir la vigueur de nos parties : il ſemble à proprement parler qu'il n'y ait que les alimens que l'on prend au dedans, qui puiſſent produire cét effect.

Nous auons oüi parler autrefois d'vne plante qui croiſt dans les Indes, laquelle purge en la touchant ſeulement, & il y a pluſieurs choſes odorantes, leſquelles reparent & réioüiſſent les eſprits eſtans approchées du nez : mais qui a iamais oüi dire, qu'il y eût aucun ſimple, ou aucun remede qui nous peût purger, ou qui peût ſubuenir à vne foibleſſe de cent lieuës loin. Neantmoins noſtre Autheur qui n'attribuoit pas cy-deſſus aſſez de puiſſance à ſa Poudre, luy en donne maintenant dauantage que les Philoſophes n'en donnent à leur Medecine vniuerſelle, voulans qu'elle ſoit priſe au dedans pour reparer noſtre chaleur naturelle, pour éloigner de noſtre corps les cauſes des maladies, & pour l'entretenir en vne parfaite ſanté.

Si d'ailleurs il entend, que la vertu de cette Poudre entretient & conſerue la bonne temperature des parties ſimilaires, en laquelle conſiſte leur eſſence, pourquoy eſt-ce que l'inflammation ne laiſſe pas, nonobſtãt ce remede, d'arriuer aux parties bleſſées, & comment dit-il, que faute de ſçauoir donner ordre aux legers inconueniens qui ſuruiennent par fois (entre leſquels ſans doute ſera l'intemperie) on laiſſe tomber le malade dans des accidens faſcheux, ſi ce remede a la vertu de retenir la partie dans vn iuſte temperament?

Ie croy que ce que i'ay allegué cy-deuant fait voir aſſez clairement la nullité de la réponſe qu'il donne à ce que ie diſois, que cette Poudre n'a aucune vertu és playes, où il y a contuſion & fracas, & il me ſemble que c'eſt mieux argumenter qu'il ne penſe. Car ou cette Poudre fait quelque choſe de plus que la nature ſeule ne peut faire, ou elle ne fait rien de plus. Il ne peut pas dire qu'elle faſſe quelque choſe dauantage, puiſqu'il accorde icy que non ſeulement elle ne peut rien où il y a fracas; mais meſme où il n'y a que de la contuſion, & qu'elle ne peut pas ſeparer les corps étranges, comme les eſquilles des os & les balles, & que lors qu'il y a contuſion, il eſt beſoin de procurer par quelque autre remede que ſympathique, la cheute des chairs contuſes, & qui ſont comme mortifiées : encore moins pourra-t'elle, ie croy découurir le fonds d'vne playe pour empeſcher que la matiere n'y croupiſſe, ou ſeparer la carie des os, & conſumer les chairs baueuſes qui empeſchent la reünion de l'vlcere; & enfin on reconnoiſtra par ſon diſcours, qu'elle ne pourra ſeruir que dans les playes ſimples, leſquelles la nature ſeule peut guerir. Il dira peut-eſtre que cette Poudre donne à la nature vne force, qu'elle ne pouuoit pas ſe procurer d'elle-meſme : Mais on luy répondra que cette force de la nature eſt conſeruée & entretenuë par le bon regime de viure, & qu'ayant éloigné les empeſchemens qui luy oſtoient la liberté d'agir, elle trauaille d'elle-meſme pour ſa reſtauration & conſeruation. Que ſi elle ne fait rien de plus que la nature, c'eſt vne folie d'y adioindre l'vſage de ce remede, & de medicamenter l'épée, ou autre inſtrument qui auroit fait la bleſſure, auec le ſoin & toutes les circonſtances qu'il faut obſeruer : en quoy i'eſtime que ceux qui ſe ſeruent de cette methode, imitent la ſimplicité des enfans qui prennent autant de ſoin & de peine à parer & habiller vne pouppée, & ont autant de plaiſir de ſe ioüer auec elle, que ſi c'eſtoit quelque creature viuante.

Quant à ce qu'il répond à vn autre argument pris de la diuerſité des remedes requiſe à chaque partie ſelon ſa nature; que cette diuerſité ſe rencontre parfaitement en la cure ſympathique eſtant tirée de la partie meſme qu'il faut guérir, autre eſtant celle de la teſte, & autre celle de la poitrine, & qu'ainſi chaque partie rencontre en ce remede ce dont elle a parfaitement beſoin. Ie ne luy veux oppoſer autre choſe que la difficulté que i'ay alleguée dans mon premier diſcours, laquelle il n'a point touchée, ſçauoir comment vne perſonne eſtant bleſſée en pluſieurs parties de ſon corps de diuerſes épées, & ne pouuant

*Pag.* 18.

appliquer ce remede que sur vne de ces épées, ne laisse pas cependant de guérir également de ces blessures, puisqu'en cette épée il ne se rencontre pas la sympathie de toutes les playes qu'il faut guérir : ou comment pourra-t'on appliquer cette Poudre sur toutes les épées si on ne les a pas presentes. Car de dire que l'on peut tremper quelque linge ou petit baston dans chaque playe, & qu'ainsi l'on peut appliquer cette Poudre sur chacun de ces linges, c'est ce qui ne s'accorde pas auec la creance de ceux qui suiuent le party de nostre Autheur, lesquels tiennent pour constant que l'on peut par la vertu de ce remede guérir vne personne absente & éloignée de beaucoup de lieuës.

Il nous faut maintenant examiner ce qu'il dit, qu'vne des raisons des effets sympathiques, consiste en la position d'vn esprit vniuersel & substãce moyenne, qui serue de vehicule & de milieu, pour transporter d'vn lieu à l'autre la vertu sympathique. Pour nous faire entendre cette opinion, il deuoit premierement nous dire ce qu'il entend

Pag. 18.

precisément par cét esprit vniuersel, & prouuer par solides raisons, qu'il faut necessairement admettre cét esprit en la nature des choses, auant que de parler de ses effets & de ses operations. Il est vray que dans le dernier chapitre du premier liure qu'il a fait en Latin de la Poudre de Sympathie, il dit quelque chose de la nature de cét esprit, & semble receuoir l'opinion de Platon, quand il dit qu'il ne luy importe pas si on l'appelle l'ame du monde, & tout ce qu'il allegue dans ce chapitre sur ce suiet ne sont que des pures suppositions, tirées de la Philosophie de Platon toute mysterieuse, allegorique, & remplie de plusieurs creances superstitieuses & erronées, reiettées dans les Escoles; telles que sont la doctrine des Idées, celle des figures & characteres, celle de la nature de l'ame, laquelle il dit estre composée des élemens; dautant que chaque chose ne se peut pas connoistre que par son semblable : d'où vient qu'Alcinous Philosophe de la mesme secte, dit que puisque nostre esprit connoist toutes choses, il faut de necessité qu'il ait natu-

*In dissertat. de Puluere Sympathico.* Substantiã illam æthaream totam diffusam per orbem, animam spiritúmque mundi si dixeris per me licet.

rellement des principes de toutes choses suiuant ce dire d'Empedocles :

*Terram namque homines ex terrâ vidimus ipsi,*
*Sic genus ex vndâ nostrum, cognouit & vndam.*

Celle encore de la matiere du monde, laquelle Platon dit estre eternelle, & cette-cy, que le monde est vn animal participant d'intelligence & de raison, duquel toutes les parties sont animées & doüées de mouuement & de sentiment, & suiuant cette doctrine, il dit que nostre corps est tiré de celuy du monde, & que nostre ame est tirée & extraite de celle de l'Vniuers.

*In Timæo.*

*In Philebo.*

Et pour faire voir la diuersité d'opinions que ceux de cette secte ont conceuë sur ce suiet : C'est que quelques-vns ont estimé auec Platon que la terre estant au milieu du monde, cette ame auoit choisi cét élement pour son siege ; de mesme que l'ame humaine auoit choisi le cœur pour le lieu principal de sa residence, d'où elle épandoit sa vertu iusques aux extremitez & parties plus éloignées : d'autres considerans que la terre estoit fort impure, ont iugé que cette demeure n'estoit pas conuenable à la dignité de cette ame : c'est pourquoy ils l'ont logée dans le corps du Soleil, lequel est comme le cœur au milieu des planettes, & peut-estre pour cette raison Ciceron a appellé le Soleil le Chef & le Prince des autres luminaires, l'intelligence & l'esprit du monde. Pline semble pancher vers cette opinion, quand il dit que le Soleil est le gouuerneur, non seulement des temps & des saisons ; mais aussi du Ciel & des Astres, & qu'il faut croire qu'il est l'esprit & l'intelligence du monde. Picus Mirandulanus ayme mieux donner le logement à cette ame dans le corps de la Lune : mais Porphire veut que le milieu dans lequel elle consiste, ne signifie pas aucun corps ou aucun interualle, mais plustost vne proprieté essentielle de cette ame, laquelle est d'vne nature moyenne entre l'intelligible & le sensible.

*in somnio Scipionis.*

*Cap. 6. lib. 2.*

Ils alleguent plusieurs raisons pour nous obliger d'admettre cette ame ou esprit du monde. Premierement qu'il n'y a pas d'apparence que les parties ſoient plus excellentes & plus nobles que le tout dont elles ſont les parties, & que les hommes qui ſont parties de cét Vniuers, eſtans pourueus d'intelligence, de mouuement, & de ſentiment, on ne peut pas croire raiſonnablement que le tout, qui eſt le monde, ſoit deſtitué d'vne ame, qui contienne en elle meſme toutes ces perfections.

Ils diſent en ſuite qu'il faut croire que le monde eſt tres-parfait, & qu'il ne pourroit pas eſtre eſtimé tel, s'il ne ioüiſſoit en toutes ſes parties, de la preſence de l'ame. Ils adiouſtent que le monde eſt vn en eſſence & en nombre, & que l'vnion de l'eſſence dépend de la forme interieure, laquelle ne peut eſtre que tres-parfaite & tres-excellente, telle qu'eſt l'ame.

Mais il faut remarquer que tous ces raiſonnemens ſont fondez ſur vne fauſſe ſuppoſition, qui eſt que le monde eſt vn tout, ayant vne meſme continuité par le moyen de laquelle toutes ſes parties ſoient iointes & vnies enſemble treseſtroitement, & non pas vn tout par aſſemblage, duquel les parties s'entretouchent seulement, & c'est peut-estre ce qui a seruy de pierre d'achoppement à nostre Autheur: car encore que dans le premier traitté qu'il a fait de la Poudre de Sympathie, il ne demeure pas d'accord auec luy-mesme, appellant tantost cét esprit vniuersel l'ame du monde, tantost soustenant que c'est vne substance qui n'est pas animée, & qui n'anime point; neantmoins tout ce qu'il propose de la nature de cét esprit est appuyé sur vn mesme fondement, comme on peut inferer aisément de ce qu'il dit, que c'est vne substance celeste qui atteint depuis le plus bas de la terre iusques au plus haut des Cieux, épanduë dans toutes les parties du monde, simple, inuisible à la façon des formes substantielles, par le moyen de laquelle les diuerses parties de cét Vniuers ont vne estroite liaison & sympathie entr'elles, & qui estant empreinte de la vertu des Astres, fournit & porte à ces parties des qualitez qui leur sont necessaires : Car pour establir vne telle sympathie entre toutes les parties du monde, il faudroit que tout l'Vniuers ne fust qu'vn corps

*Dissertat. de Pulu. Sympath. pag. 33.*

*Dissertat. de Puluere Sympath. pag. 32.* Hæc substantia nec animata, nec animans.

continu, animé d'vne ſeule forme, ne plus ne moins que le corps humain, qui entretient cette mutuelle correſpondance, & eſtroite liaiſon en toutes ſes parties, par le moyen des eſprits épandus par tout le corps, & qui accourent promptement vers les parties affligées pour les ſecourir, comme nous voyons principalement lors qu'vne partie ſouffre de la douleur, & lors que ces meſmes parties s'entr'aident, & ſe communiquent les vnes aux autres les choſes neceſſaires pour leur entretien, comme eſt le ſang dont elles ſe nourriſſent, lequel eſt tiré & porté aux parties ſuperieures contre ſa propre nature, par le moyen des eſprits, leſquels ſont les organes dont noſtre ame ſe ſert en toutes ſes operations, & qui eſtans de nature moyenne entre l'ame & le corps, les lient & les ioignent tous deux enſemble tres-parfaitement: Au contraire de ce qui ſe voit en l'amputation d'vne partie, laquelle par la ſeparation d'auecque ſon tout, perd cette douce & agreable influence des eſprits, & toute la communication qu'elle auoit auparauant auecque le reste du corps.

Ie ne sçay si nostre Autheur voudroit asseurer que le monde fust vn tout continu, & par consequent n'ayant qu'vne mesme forme : Car par ce moyen il faudroit de necessité admettre l'opinion des Platoniciens, que tout le monde seroit animé ; puisqu'il y a plusieurs creatures viuantes, & que l'on ne peut pas dénier au tout, ce que l'on accorde aux parties ; ce qu'il n'a pas osé receuoir, craignant de tomber dans plusieurs inconueniens fascheux, comme de ne mettre aucune difference entre les choses animées & inanimées, entre les creatures viuantes & celles qui sont mortes, de dire qu'vn corps mort seroit mort & viuant, mort à cause de l'absence de l'ame qui luy donnoit la vie, & viuant à cause de la presence de cét esprit vniuersel, & de cette ame du monde, qui animeroit ce corps d'vne façon peut-estre plus excellente qu'auparauant, puisqu'elle est doüée d'intelligence & de raison ; que les élemens seroient autant d'animaux, ayant mouuement & sentiment, que la terre souffriroit grande douleur, quand le ſoc de la charue luy ouure le flanc, que les eſtoiles ſeroient des animaux qui ſe remueroient dans les Cieux, comme les poiſſons dans la mer, & que tout le monde compoſé de ces diuerſes parties, ſeroit vn animal d'vne grandeur prodigieuſe, duquel le ſouffle ſeroit peut-eſtre le vent.

Ie ne voy pas auſſi que la raiſon puiſſe ſouffrir cette opinion : car ſi les élemens ne faiſoient enſemble qu'vn corps ayant vne meſme continuité, & vne meſme forme interieure, comment pourroient-ils auoir des mouuemens differens : veu que cette diuerſité de mouuemens ne peut partir que de diuers principes & de diuerſes formes ? Ioignez à cela qu'il n'y a perſonne qui puiſſe dire que la matiere & la forme du Ciel ne ſoient differentes des choſes ſublunaires, & par conſequent vne ſeule & meſme forme ne ſe trouuera pas en toutes choſes. D'ailleurs ſi en la production de pluſieurs choſes & en la generation des inſectes, la chaleur du Soleil eſt ſuffiſante pour animer la matiere, quelle neceſſité y a-t'il d'admettre cét eſprit vniuerſel, & cette ame du monde? Peut eſtre que noſtre Autheur dira que c'eſt vne puiſſance, qui n'eſt pas eſtablie dans la nature, pour animer aucune choſe: & qu'elle eſt ſeulement deſtinée pour receuoir les influences des Aſtres, & pour porter d'vn lieu à l'autre les qualitez ſympathiques. Mais n'eſt-ce pas attribuer à cét eſprit le don d'intelligence, qui eſt retomber dans l'opinion des Platoniciens?

Et ſi les vertus celeſtes ſont infuſes dans chaque choſe à proportion du merite & de la dignité de la matiere, comme veut Platon, & ſi les Aſtres communiquent leurs influences aux pierres precieuſes, principalement à cauſe de leur pureté, clairté, & autres qualitez approchantes de la nature du Ciel: pourquoy croyrons nous que le vitriol duquel eſt faite la Poudre de Sympathie, & qui eſt vne eſpece de ſel terreſtre & aſſez impur, ſoit plus capable de receuoir l'impreſſion de la vertu celeſte, que pas vne autre choſe, & que l'eſprit vniuerſel contenu en ce mineral, ſoit plus détaché de ſa matiere que dans vn autre corps?

Il eſt vray que pluſieurs grands perſonnages de l'antiquité ont creu cét eſprit vniuerſel & cette ame du monde. Mercure Triſmegiſte, qui viuoit du temps de Ioſué, en parle en ces termes. Le monde eſt doüé de mouuement & de ſentiment plus puiſſans & plus ſimples que ceux que l'homme poſſede : car le ſens & l'intelligence du monde, eſt de faire tout, & de diſſoudre tout, eſtant l'organe & l'inſtrument de la volonté Diuine, ordonné principalement à cette fin, qui eſt qu'en receuant de Dieu les ſemences de toutes choſes, & les cachant dans ſon ſein, il pût produire toutes choſes par la compoſition, & ruiner toutes choſes par la diuiſion, & qu'à l'imitation d'vn bon Iardinier, il peuſt retrancher le vieux bois, pour produire en certain temps de nouueaux ſurgeons.

*Cap. 9. Pimandri.*

Mais il n'y a pas de doute que la plus grande partie de ceux qui ont parlé de la ſorte, ont caché ſous ces termes vn ſens allegorique & myſterieux, voulans ſigni-

ſignifier par cette ame & intelligence du monde, Dieu meſme qui remplit toutes choſes par ſon eſprit; c'eſt ainſi que Galien doit eſtre entendu, lors qu'admirant l'artifice de la nature en la compoſitiō & ſtructure de noſtre corps, il s'écrie: Qui eſt-ce qui ne dira pas que ce ne ſoit vne certaine intelligence, qui ayt vne vertu & puiſſance admirable, & laquelle penetrant toute la terre s'épand en toutes ſes parties?

Seneque veut que le mot de nature ſoit pris au meſme ſens vſant de ces termes, quand on dit que la nature a fait ou donné quelque choſe, on ne reconnoiſt pas que par cette façon de parler on change le nom de Dieu.

Il ne ſe trouuera point en quelque maniere que l'on conſidere cét eſprit vniuerſel, qu'il puiſſe rien contribuer à l'effet de cette Poudre. Car ou cét eſprit ſera l'ame contenuë en chaque partie du monde, ou il ſera Dieu meſme. Le premier ne ſe peut pas dire, dautant que l'ame hors de ſon corps ne peut produire aucun effect naturel. Le dernier auſſi n'eſt pas receuable, autrement

*17. de vſu part.* Τίς δ' οὐκ ἂν εὐθὺς ἐνθυμηθῇ νοῦν τινα δύναμιν ἔχοντα θαυμαστὴν ἐπιβάντα τῆς γῆς ἐκτετάσθαι κατὰ τὰ μόρια.

*Seneca 4. de benef. cap. 7.* Natura inquit hæc mihi præſtat. non intelligis te cùm hoc dicis mutare nomē Deo. Quid enim aliud eſt natura quàm Deus, & diuina ratio toti mundo & partibus eius inſerta. *Et paulo inferiùs.* Quæcumque voles illi nomina

la guériſon des playes faite par la Poudre de Sympathie ne ſeroit pas naturelle, mais miraculeuſe, puiſque Dieu en ſeroit l'autheur.

propriè aptabis, vim aliquam effectúmque cælestium rerum continentia, tot appellationes eius possunt esse quot munera.

Ie penſe que l'on peut aiſément iuger de ce que i'ay dit cy-deſſus, que cét eſprit vniuerſel, en la ſorte que noſtre Autheur nous le depeint dans la derniere partie de ſon premier traitté de la Poudre de Sympathie composé en Latin, n'eſt qu'vn phantoſme qui luy a paſſé deuant les yeux, & qui n'a eu aucune ſubſiſtance que dans ſon imagination.

Pag. 20.

Examinons le reſte de ſa Defenſe, & voyons s'il ſe ſert de meilleures armes. Il dit qu'ayant poſé que la communication entre deux corps éloignez, ſe fait ou par le moyen d'vn flus d'atomes & de ſubſtances deliées, qui ſortant d'vn corps ſe portent iuſques à l'autre; ou bien par l'enuoy des eſpeces intentionnelles, ie n'ay pas eu raiſon de dire, que la Poudre de Sympathie ne pouuoit pas agir en la premiere ſorte, & que tous les atomes de cette Poudre ſeroient épuiſez auant que de paruenir à la partie malade : veu que le camphre & le musc ne touchent nos sens que par ce moyen, & cependant quoy qu'ils s'épandent iusques à vn espace fort considerable, ils ne laissent pas de subsister plusieurs années sans diminution considerable. Cette repartie est si foible, qu'elle n'est pas capable de m'arrester long-temps: car qui ne sçait que le camphre est d'vne substance assez subtile, pour s'éuaporer & se dissiper facilement, s'il n'est gardé & enfermé soigneusement, & que le musc quoy qu'il ne soit pas si prompt à s'exhaler, & qu'il ayt besoin du mélange d'autres choses pour ouurir son corps, comme nous voyons en la composition des parfums, doit estre neantmoins bien enueloppé pour conseruer sa vertu. Les essences & substances spiritueuses se dissipent facilement, si elles ne sont gardées en des vaisseaux bien clos & bien bouchez ; Et cependant elles ne peuuent pas porter leur odeur d'vne maison à l'autre : c'est pourquoy il y a suiet de croire qu'il en peut arriuer autant à cette Poudre, ayant son corps preparé & ouuert par la vertu des Aſtres, comme veut noſtre Autheur.

Il ne ſert de rien d'alleguer que l'eſpace qui eſt entre le remede & la partie malade doit eſtre limité, puiſque ceux qui ſouſtiennent cette opinion ne le determinent pas, & que quand il ne ſeroit que d'vne lieuë ou de deux, il ſeroit encore trop vaſte & trop eſtendu pour eſtre entierement remply des atomes de cette Poudre.

Il croit peut-eſtre que l'exemple de la lumiere, de l'influence des Aſtres, des couleurs, & de l'ayman, ſont plus propres & plus puiſſans pour eſtablir & affermir ſon opinion: mais voyons s'il ne s'abuſe pas.

*Pag. 22.* Il dit premierement que la lumiere paſſe en l'eſprit de pluſieurs pour vne ſubſtance corporelle, & que neantmoins celle du Soleil ſe communique en vn inſtant d'vn bout à l'autre du monde, ſans que ſon ſuiet ſoit épuiſé depuis tant de ſiecles. I'aurois icy pluſieurs choſes à dire, mais ie me contenteray de rapporter ſuccinctement ce qui ſert le plus à noſtre ſuiet.

Ie ſçay bien que quelques-vns eſtiment que la lumiere eſt vne ſubſtance corporelle : mais il y en a beaucoup d'autres qui tiennent le contraire, & qui croyent que la lumiere n'eſt pas vne ſubſtance, & qu'elle n'eſt pas corporelle : il eſt vray que quelques-vns diſent que dans ſa ſource elle peut eſtre appellée ſubſtance corporelle, mais dans le milieu par où elle paſſe, elle ne peut eſtre eſtimée telle ; dautant qu'elle penetre l'air, l'eau, & pluſieurs corps ſolides, ce qu'elle ne pourroit pas faire ſi elle eſtoit corporelle, autrement il faudroit croire que deux corps ſe pourroient penetrer l'vn l'autre, & qu'en reſpirant l'air nous reſpirerions auſſi la lumiere ; D'ailleurs elle ne pourroit pas ſe produire en vn inſtant, autrement il faudroit qu'vn corps pût ſe mouuoir d'vn lieu à l'autre en vn moment, ce qui eſt du tout impoſſible. Et ie voudrois icy demander à noſtre Autheur le moyen d'accorder ces deux choſes, *que la lumiere eſt vne ſubſtance corporelle, & qu'elle ſe communique en vn inſtant d'vn bout à l'autre du monde* : car ce ſont les propres termes dont il se sert : mais laissons à part cette dispute, pour ne pas faire vn nouueau procés.

Pag. 22. Ie dis donc seulement que c'est mal à propos que nostre Autheur a allegué l'exemple de la lumiere, du Soleil, des influences celestes, & des couleurs, pour faire voir qu'vne chose peut communiquer ses qualitez à vne autre, nonobstant l'éloignement des lieux. Car premierement il n'a pas pris garde à ce que i'ay dit en mon premier discours, que le Soleil & les Astres auoient cette puissance, dautant que ce sont des corps d'vne excessiue grandeur, & qui surpasse de beaucoup celle de la terre ; que pour cette raison il ne falloit pas s'estonner s'ils produisoient des effets sur des suiets si éloignez d'eux ; & par consequent il ne deuoit pas faire entrer en comparaison la vertu de la Poudre de Sympathie auec celle des Astres. 2. Il n'a pas consideré que la lumiere n'est pas vne qualité qui altere & qui change le suiet dans lequel elle est receuë, puisqu'elle n'a point de contraire à détruire ; ce qu'il ne voudroit pas dire de la Poudre de Sympathie, laquelle pour produire ſon effect doit oſter & chaſſer les mauuaiſes diſpoſitions qui ſe rencontrent en la partie bleſſée, & qui s'opposent à la reünion. Et ie ne ſçay comment il voudroit que les influences fuſſent ſenſibles, & d'vne nature corporelle, puiſqu'elles ne ſe peuuent diſcerner par aucun de nos ſens. 3. Les couleurs ne ſe voyent que par les eſpeces viſibles & les images, qui ſont receuës dedans l'œil : or eſt-il que les eſpeces ſenſibles & les images des choſes ne font autre impreſſion ſur les ſens, tant externes qu'internes que celle de leur reception ; par exemple la blancheur qui ſera dans vne muraille, ne produira rien de blanc dedans l'œil, & la connoiſſance qu'vn Medecin aura d'vne maladie, ne luy rendra pas pour cela le cerueau malade, & par conſequent l'exemple tiré des couleurs ne ſert de rien pour montrer que la Poudre de Sympathie a la vertu de guérir les bleſſures, & de produire des effects puiſſans ſur vn ſuiet éloigné.

Mais ie croy qu'il s'imagine auoir triomphé quand il met en auant l'exem-

Pag. 23.

ple de l'ayman, & qu'il dit, *que la moindre portion d'iceluy, au delà de la ligne, va rendre hommage par ses atomes, aux parties plus éloignées du Nord:* & quand vn peu aprés il adiouste, *ne deuoit-il pas plustost rapporter l'effect de l'ayman, lors qu'il se tourne vers le pole, qui ne reçoit point de limites, que celuy d'attirer le fer qui n'insinuë pas si parfaitement l'étenduë de nostre remede.* Puisqu'il requiert de nous ce deuoir, il faudra tâcher si faire se peut, de nous en acquiter : c'est pourquoy nous parlerons de l'vn & de l'autre effect de cette pierre ; & dautant qu'il presse le plus sur la proprieté qu'elle a de se tourner vers le Nord, & qu'elle luy semble fauoriser dauantage son opinion, nous discourerons aussi de cette qualité plus amplement.

Ie me suis estonné comment nostre Autheur a voulu proposer cét exemple pour defendre la qualité sympathique de sa Poudre ; puisque les plus grands Philosophes ne demeurent pas d'accord entr'eux de la veritable cause d'vn tel effect, & qu'elle est tellement cachée & enueloppée de difficultez, que de mettre en auant cét exemple pour prouuer cette opinion, c'est vouloir éclaircir vne matiere desia assez obscure & difficile d'elle-mesme, par vne autre beaucoup plus obscure. Et pour faire voir cette verité, ie rapporteray icy les diuers sentimens que plusieurs grands personnages ont eu sur ce suiet.

Marsile Ficin Philosophe de la secte de Platon croit que les estoiles de la petite ourse font tourner l'ayman vers le Nord. Cardan dit que c'est vne estoile qui est en sa queuë. Fernel se contẽte de dire que cette proprieté nous est cachée & inconnuë. Fracastor dit que ce sont des montagnes d'ayman, lesquelles il appelle les chaisnes du monde, situées au delà du Septentrion, qui attirent, & font tourner de ce costé là l'aiguille aymantée. Scaliger n'attribuë pas cette puissance à ces montagnes; mais plustost à la vertu de la cause qui les a produites, à sçauoir de la partie du Ciel qui est du costé du Septentrion. Cortesius pose vn certain poinct au delà des poles, qui a cette vertu

*Lib. de vitâ cœlitus comparandâ. lib. 7. de subtil. lib. 2. de abdit. rer. caus. cap. 2. lib. de sympathia & antipath. cap. 7.*

*Exercit. 131. in Cardanum.*

d'attirer. Bessardus dit que c'est plustost le pole du Zodiaque. Robert Norman Anglois suppose vn certain poinct & endroit du Ciel, qui n'est pas attractif; mais plustost respectif, c'est à dire qui n'a pas la puissance d'attirer l'aiguille: mais qui est seulement le but vers lequel elle vise. George Agricola croit que l'aymã se tourne ainsi, non pas pour aucune inclination qu'il ayt vers les poles; mais seulement pour prendre la mesme situation qu'il auoit dans les mines.

*5. de nat. fossil.*

De toutes ces opinions nostre Autheur a choisi celle qui auoit le moins d'apparence de verité, qui est que l'étoile du Nord attire l'ayman, & le fait tourner de son costé: c'est ainsi qu'il bastit à son ordinaire sur des fondemens ruineux.

Il faut faire voir cette verité. Premierement la declinaison de l'ayman détruit entierement cette opinion: car si l'aiguille aymantée estoit guidée & attirée par l'estoile du Nord, elle ne se destourneroit iamais de la vraye ligne meridionelle. Cependant l'experience nous fait voir le contraire, cette declinaiſon ſe remarquant diuerſement en pluſieurs endroits du monde, & eſtant ſi certaine & ſi aſſeurée, que Vincent Rodriquez Pilote fort expert, qui a fait vingt-huict fois le voyage du Portugal aux Indes, l'a touſiours remarquée de meſme façon. En cét hemiſphere l'aiguille biaiſe du coſté de l'Oriēt : en l'autre elle ſe détourne du coſté d'Occidēt: Il n'y a qu'aux lieux où paſſe le premier meridien, comme vers les Iſles fortunées, que les Eſpagnols appellent Azores, & vers le Cap de bonne eſperance, que la ligne de l'ayman ſe rencontre parfaitement auecque la ligne Meridionelle ; encore a-t'on remarqué que dans le meſme Meridien, elle ne garde pas touſiours cette meſme ſituation : car approchant du Breſil l'aiguille biaiſe du coſté de l'Occident , & dans vn meſme parallele elle ne garde pas toûiours vne meſme declinaiſon ; ce qui montre euidemment qu'on ne peut pas admettre vn poinct au Ciel, ou en la terre, vers lequel l'aiguille ſe tourne conſtamment.

Si noſtre Autheur diſoit que cette declinaiſon vient du mouuement de l'étoile du Nord, il ſeroit aiſé de luy faire voir que cela ne peut pas auoir lieu, car ſi cela eſtoit l'aiguille aymantée, quoy que le cadran demeuraſt immobile, & ne fuſt point tranſporté ailleurs, changeroit neantmoins de ſituation; veu que cette eſtoile n'eſtant pas iuſtement au pole, mais en eſtant éloignée enuiron de trois degrez, tourne autour de luy, & ainſi ſi l'aiguille ſuiuoit le mouuement de cette eſtoile, il faudroit qu'elle changeaſt perpetuellement de ſituation; puiſque cette eſtoile paſſant deux fois chaque iour par le meridien, lors qu'elle monte au deſſus du pole, & lors qu'elle deſcend au deſſous, il faudroit que l'aiguille eſtant conduite par elle, ſe rencontraſt deux fois le iour auecque le vray meridien, & qu'elle biaiſaſt vne fois vers la droite, & vne autre fois vers la gauche ſans remuer la bouſſole: ce qui ſeroit à ſouhaitter; car par ce moyen on auroit vn horloge perpetuel & aſſeuré, & on auroit trouué le mouuement perpetuel, que l'on cherche il y a ſi long-temps.

On ne pourroit pas dire que la foiblesse de l'ayman peut estre cause de cette declinaison ; veu qu'au contraire l'experience fait voir que tant plus on frotte l'aiguille d'vn bon ayman, tant plus elle biaise & se détourne du Nord.

2. Si l'aiguille aymantée estoit attirée par l'estoile du Nord, la partie de l'aiguille qui se tourne vers le pole arctique, deuroit estre éleuée à proportion que le pole est sur l'horizon: mais au contraire nous voyons que l'aiguille estant dans l'equilibre, la partie qui se tourne vers le Septentrion s'abaisse au dessous de l'horizon.

3. Si cette opinion estoit veritable, pour quelle raison l'ayman tourneroit-il vne face plustost que l'autre vers le Nord ; veu que tout son corps est homogene & de semblable nature ?

Quelqu'vn peut-estre dira, que l'opinion des montagnes d'ayman trouuera plus d'applaudissement, & que ces montagnes posées au delà du Nord, ayans la vertu d'attirer vers elles l'aiguille aymãtée, nostre Autheur trouueroit encore en cét exemple des raisons pour prouuer la puissance que la Poudre de Sympathie auroit de produire ses effects sur vn corps fort éloigné: mais ie dis que cette opinion n'est pas plus receuable que l'autre.

1. La mesme facilité qu'vne grande piece d'ayman a de se tourner vers le Septentrion, qu'vne autre plus petite, nous fait voir manifestement que le principe de ce mouuement ne vient pas du dehors; mais plustost du dedans. Car si ces montagnes imaginaires attiroient l'ayman, il s'ensuiuroit qu'vne petite piece d'ayman se tourneroit auecque plus de promptitude & de vigueur, qu'vne plus grande, à cause qu'elle seroit moins pesante, & qu'elle ne resisteroit pas tant à cét attirement; de mesme que nous voyons le vent enleuer plus facilement vne paille qu'vne piece de bois: or est-il que l'experience nous fait voir le contraire, & par consequent il ne faut pas chercher le principe de ce mouuement dans ces roches d'ayman, mais il le faut tirer d'vne vertu interne qui est en cette pierre, laquelle n'est pas diminuée ny empeschée par la quantité de la matiere; Ains au contraire se trouue d'au-

tant plus forte & plus vigoureuſe, que la pierre ſe rencontre plus grande.

2. Si cette conuerſion de l'aymã venoit de ces montagnes, il arriueroit que plus on s'éloigneroit du Septentrion, auſſi l'aiguille ſe tourneroit d'autant plus lentement de ce coſté là, & auec moins de viuacité; plus on eſt éloigné d'vne cauſe, & moins auſſi en reſſent-on les effets: ceux qui ſont ſous les poles n'éprouuent pas tant les ardeurs du Soleil, que ceux qui approchent de la ligne, à cauſe qu'ils en ſont plus éloignez; toutefois nous ne voyons pas que l'ayman ſe tourne auec moins de vigueur vers le Nord dans les pays meridionaux; au contraire il ſemble qu'il s'y tourne plus viuement & plus promptement, lors qu'il eſt éloigné des poles que lors qu'il en eſt proche.

Ie ne ſçay ſi le ſentiment d'Agricola ſeroit plus fauorable au deſſein de noſtre Autheur, & s'il voudroit s'en preualoir pour fortifier ſon opinion: quoy qu'il en ſoit, ie croy qu'il n'eſt pas certain que l'ayman garde la meſme ſituation dans les entrailles de la terre, que celle qu'il affecte au dehors. Il n'y aura

*Cap. 7. lib. 1. de magnetica Philosophia.*

pas suiet d'en douter, s'il est veritable ce que dit Cabeus d'vn sçauant personnage, lequel luy écriuit l'experience qu'il en auoit faite estant en l'isle d'Ilua, qui est qu'ayant tiré vne piece d'vne grande roche d'ayman, & ayant remarqué auparauant quelles parties estoient tournées vers le Septentrion, & vers le Midy, il suspendit en l'air loing de la roche cette piece d'ayman, & trouua que la partie qui regardoit auparauant le Septentrion, se tourna du costé du Midy, & que celle qui regardoit le Midy se tourna vers le Septentrion.

Ceux qui ont traité le plus soigneusement de la nature, & des proprietez de l'ayman, & qui ont recherché la cause de ses effets, ne fournissent à nostre Autheur aucun moyen de fonder son opinion sur l'exemple de cette pierre.

*Cap. 17. libri 1. de magnete.*

Gilbertus dit que tout le globe de la terre est vn vray ayman, lequel a ses poles particuliers, & que sa forme essentielle & radicale dispose toutes ses parties en tel ordre, & en telle situation qu'il est requis à leur nature, de sorte que si vous separiez de la terre vne partie

tie premiere, pure, & qui ne fut point corrompuë, ou soüillée d'aucune ordure externe, elle seroit gouuernée & disposée par cette forme totale & premiere, en la façon requise à la condition, & à la nature de son globe, & par consequent la disposition & situation naturelle de toute la terre estant d'vn pole à l'autre, ce n'est pas de merueille si cette partie de la terre se dispose de la mesme façon, & que cette vertu paroist d'autant plus en l'ayman, que c'est vne substance principale & homogenée de la terre, & qui en est comme la moëlle, que si les metaux & autres corps n'ont pas cette vertu, c'est qu'ils sont des parties de la terre corrompuës & changées par des nouuelles formes.

De là vient qu'vne boule d'ayman a esté estimée estre vne vraye image de la terre, ayant des poles qui répondent à ceux de la terre, vn equateur, des paralleles, des meridiens, & vn horizon, ce qui a fait dire à Gilbertus que c'estoit vne petite terre.

*μικρόγη.* *Cap. 1. lib. 6. de magnete.*

Et quoy que Cabeus ne demeure pas d'accord auec Gilbert, que la terre soit

*Cap. 9. lib. 1. de magne-*

vn grand ayman; neantmoins il croit que cette proprieté de se tourner vers les poles, est vne qualité qu'il possede naturellement, laquelle est conforme à celle que possede tout le globe de la terre pour sa conseruation, & pour son affermissement : de mesme qu'vne pierre a vne proprieté naturelle de tendre en bas pour y trouuer son repos.

Pour preuue de cela il allegue que le globe de la terre est composé en telle sorte que toutes ses veines tendent vers le pole & le regardent, & sont comme tirées d'vn pole à l'autre; ce qu'il dit auoir remarqué dans les montagnes de Lombardie, & de l'Apennin, & que Keplerus auoit aussi remarqué auparauant la mesme chose.

Il dit aprés, que nous voyons que la terre communique la mesme proprieté au fer, & que plusieurs ferremens qui n'ont iamais touché l'ayman, se tournent neantmoins vers le Nord : ce qui ne peut pas estre attribué aux influences celestes, mais plustost à la terre, dautant que les barreaux de fer dont les fenestres sont grillées, de quelque costé qu'ils ſoient expoſez, acquierent auec le temps vne telle force que la partie qui eſt en bas tire la partie de l'aiguille qui regarde le Midy, & chaſſe l'autre : au contraire la partie d'enhaut attire la partie ſeptentrionale & chaſſe celle qui regarde le Midy ; & s'il y a long-temps que ces barreaux de fer ſont poſez aux feneſtres, ils attirent des aiguilles, & d'autres ferremens. Que ſi aprés vous prenez ces barreaux, & les poſez ſur leur centre, vous trouuerez que la partie qui eſtoit en haut ſe tourne vers le Midy, & celle qui eſtoit en bas ſe porte vers le Septentrion. On pourroit remarquer la meſme choſe en vne brique cuite, qui ſeroit demeurée debout long-temps ſur la terre, de laquelle la partie qui a touché la terre, attirera la partie meridionelle de l'aiguille, & la partie ſuperieure attirera celle du Septentrion : or il eſt conſtant que c'eſt la terre qui leur confere cette vertu ; autrement on ne pourroit pas dire, pourquoy la partie de ces barreaux qui regardoit la terre, ſe tourneroit pluſtoſt vers le Septentrion que vers le Midy; veu qu'il semble que si cette vertu estoit deriuée du Ciel, la partie superieure sur laquelle la partie septentrionale du Ciel pouuoit verser ses influences, se deuroit plûtost tourner vers le Septentrion que vers le Midy.

*Lib. 1. part. 2. de arte magneticâ.*

Kircherus suit la mesme opinion, & dit que l'ayman estant le legitime fils de la terre, est rendu participant des qualitez qu'elle possede naturellement, & que la qualité qu'a la terre de se disposer ainsi vers les poles, vient de sa propre forme. & asseure auoir remarqué les veines de la terre disposées de la mesme sorte que nous auons dit cy-dessus en plusieurs montagnes de l'Allemagne, des Alpes, de la France, de la Bourgongne, de l'Italie, & mesme pres de la saincte Baume en Prouence.

Ces choses estant ainsi posées, ie ne voy pas que nostre Autheur ait raison de se préualoir de l'exemple de l'ayman pour appuyer son opinion : car si cette proprieté de l'ayman vient de sa forme interieure, ne plus ne moins que l'inclination de la pierre à descendre en bas, il est constant que cette vertu ne doit plus eſtre miſe au rang de celles que l'on appelle ſympathiques, & qui produiſent leurs effets ſur vn ſuiet éloigné.

S'il eſtoit veritable que deux perſonnes fort éloignées l'vne de l'autre ſe pûſſent communiquer leurs penſées, par le moyen de deux cadrans, deſquels les deux aiguilles ſeroient touchées d'vn meſme ayman, & autour deſquels ſeroiẽt écrites les lettres de l'alphabet; de ſorte que faiſant tourner l'aiguille de l'vn, en mettant deſſous vne piece d'ayman ſur le mot que l'on voudroit, pour exprimer les lettres que l'on auroit en la penſée, l'aiguille de l'autre cadrã en quelque lieu qu'il fût, ſe tournaſt ſemblablement ſur les meſmes lettres, ie ne doute point que Monſieur Papin ne pûſt nous perſuader plus fortement par cét exemple la vertu ſympathique de ſa Poudre: mais iuſques à ce qu'il nous ait fait voir la verité de cette experience, nous demeurerons touſiours en poſſeſſion de douter de l'vn & de l'autre.

Ie ne parlerois pas de la vertu qu'a l'ayman d'attirer le fer, puiſqu'il n'inſinuë pas ſi parfaitement, comme dit noſtre

Autheur l'estenduë de ce remede, si ce n'estoit qu'en parlant de cette proprieté, il dit, *que tous ceux qui ont traitté cette matiere, attribuent cét effet ou à vn coulement notable d'atomes, qui partans de l'ayman s'insinuent dans les pores du fer; ou comme veulent les autres, qui dissipant l'air qui est entre ces deux corps, oblige le fer par la fuite du vuide à s'approcher de l'ayman.* Car ie dis bien autrement, que tous ceux qui ont traitté cette matiere exactement, n'ont attribué ny à l'vne ny à l'autre de ces causes cét effect de l'ayman.

Pag. 25.

L'interposition des corps solides, laquelle n'empesche pas l'ayman d'exercer sa puissance sur le fer, nous fait reietter l'opinion d'Epicure qui veut que cette vertu se communique par vn flus & coulement d'atomes, dautant que ces petites substances ne pourroient pas pénétrer les corps solides, & passer à trauers en vn moment, comme fait la vertu de l'ayman: c'est ce qui a fait dire à Scaliger que cette vertu pénétrante qui se remarque en l'ayman, estoit vne qualité spirituelle.

Pour le ſecond point, on ne peut pas dire que cela ſe faſſe par vne diſſipation d'air qui arriue entre ces deux corps, leſquels ſe ioignent pour remplir le vuide, telle diſſipation ne pouuant pas arriuer en plein air, & à découuert; puiſqu'en la place de celuy qui ſeroit diſſipé, vne autre partie d'air ſuccederoit incontinent, & cette diſſipation ne ſe pourroit pas faire, ſans que l'air ſouffriſt quelque émotion ou agitation, laquelle ſe remarqueroit lors que l'on approcheroit vne chandelle allumée, de laquelle la flamme ſeroit par ce moyen agitée, & ſuiuroit neceſſairement le mouuement de l'air. On pourroit encore reconnoiſtre au Soleil cette agitation, par le mouuement extraordinaire des atomes, qui ſe verroient en l'air, ou par le tranſport des pailles qui ſeroient prochaines: toutefois il ne s'eſt rien veu de ſemblable en cette rencontre.

D'ailleurs ſi cela arriuoit par impulſion ou diſſipatiõ d'air, le fer ſeroit veritablemẽt attiré; mais il ne ſeroit pas retenu par l'ayman, comme nous le voyons, & d'abord il repouſſeroit le fer qui luy ſeroit presenté; de mesme qu'il chasseroit & dissiperoit l'air qui l'enuironne: comme donc nous ne voyons pas qu'il arriue aucune de ces choses, aussi y a-t'il suiet de croire, que le fer ne se porte pas vers l'ayman pour la fuite du vuide, & à cause de la dissipation de l'air qui arriue entre deux.

Ces considerations ont fait naistre d'autres sentimens à plusieurs, qui ont recherché auec curiosité la cause de cét effect. Galien a creu que l'ayman attiroit le fer, en la mesme sorte que les parties attiroient le sang pour leur nourriture; ce qui peut-estre a fait dire à Cardan, que l'ayman estoit animé, & qu'il attiroit le fer pour luy seruir de pasture. Peregrinus dit que l'ayman a deux faces, l'vne qui se tourne du costé du Septentrion, & l'autre du costé du Midy, & que le fer, par le voisinage de l'ayman, prend les mesmes visages, c'est à dire qu'il acquiert la faculté de se disposer en sorte que d'vn costé il regarde le Septentrion & de l'autre le Midy : ce que Cabeus qui est venu depuis a appellé vne qualité à deux faces, & Kircherus

*In epistolâ quâdam de magnete.*

Qualitas διμορφος & bifrons.

vne qualité à deux formes : cherchant donc la raiſon pourquoy la face de l'ayman qui regarde le Midy, attire la face du fer qui regarde le Septentrion, & au contraire la face meridionelle de l'ayman chaſſe la face meridionelle du fer, il dit que cela arriue à cauſe que dans l'ordre des choſes naturelles, chaque cauſe ne s'efforce pas ſeulement de produire vn effect qui luy ſoit ſemblable; mais auſſi taſche pour ſa conſeruation de l'vnir auec elle meſme, de telle façon qu'ils ne ſemblent eſtre tous deux qu'vne meſme choſe.

Gilbertus dit que le fer eſtant dans l'étenduë de la puiſſance de l'ayman, acquiert comme vne nouuelle forme, laquelle eſtoit auparauant comme enſeuelie dans ſa matiere, mais qu'elle ſe réueille à la preſence de l'ayman, & que pour acquerir de nouuelles forces, elle porte le fer vers l'ayman, adiouſtant que cette qualité ne tient rien du corps ny de la matiere.

*Cap. 4. lib. 2.* Coitio magnetica actus eſt magnetis & ferri, non actio vnius, ſed potiùs συνεντελέχεια, & conactus quàm ſympathia.

Cabeus tombe dans ce meſme ſentiment, & dit que cette qualité de l'ayman ſe produit à la façon de la lumiere,

*Lib. 2. de magnetica Philoſophia.*

laquelle ſe répand & ſe diſperſe par tout en vn moment, ſans l'entremiſe des atomes, ou d'aucune ſubſtance : mais ſeulement en tirant de la puiſſance du milieu cette qualité.

L'opinion de Kircherus ne ſe trouue pas differente de celle-cy : car il dit que ſi le fer ſe porte vers l'ayman, ce n'eſt pas qu'il y ſoit attiré par cette pierre; mais dautant qu'il ſe produit en luy vne qualité, par le moyen de laquelle le fer ſe porte vers l'ayman, & deuient comme vn autre ayman. Et icy ie prie noſtre Autheur de remarquer que Kircherus a appellé cette qualité intentionnelle, & que pour luy il ſe montre trop rigoureux, quand il veut aſſuiettir le coulement d'eſpeces aux ſens ſeulement. Peut-eſtre que cette façon de parler ne déplaira pas tant à ceux qui croyent que la vertu de l'ayman ſe communique & ſe répand dedans l'air en la meſme ſorte que les ſons.

Magnes *inquit*, qui in proximo eſt, qualitatem intentionalem in ferrum producit in eodem ſitu in quo eſt illa qualitas. *Pag.* 25.

L'exemple des maladies contagieuſes, ſur lequel il inſiſte, fauoriſe ſi peu ſon party, que ie me ſuis eſtonné comment il a oſé le mettre en ieu; veu qu'elles ne ſe communiquent que par l'attouchement d'vn corps malade, ou infecté; ou par le moyen des vapeurs qui ſortent de ce corps, leſquelles ne ſe peuuent pas épandre bien loin, & ſe continuer dans vn grand eſpace; ſi l'éuentement que l'on fait receuoir aux choſes infectées, eſteint & diſſipe la vertu maligne des ſemences contagieuſes qui eſtoient cachées en elles, comment la vertu & qualité de cette Poudre, pourra-t'elle eſtre transferée d'vn lieu en vn autre aſſez éloigné, ſans receuoir aucune alteration de l'air? S'il y a lieu de comparer l'effect de la Poudre de Sympathie à celuy des maladies contagieuſes, il ne faut pas donner plus de force & d'eſtenduë à la vertu de cette Poudre qu'à celle des maladies contagieuſes, & l'vne ne doit pas rencontrer plus ou moins de difficulté en toutes les circonſtances de ſon action que l'autre; car c'eſt en ce poinct principalement que doit conſiſter la comparaiſon: Cependant on ne peut pas donner autant d'étenduë à la communication des maladies contagieuſes que l'on en attribuë à la Poudre de Sympathie.

Si donc la peste, qui est la plus pernicieuse des maladies contagieuses, ne se communique pas d'vne ruë à l'autre, quand l'air n'est pas généralement infecté, si ce n'est par la frequentation, quelle apparence y a-t'il que cette Poudre puisse estendre beaucoup au delà, comme l'on pretend, la force de son action ? Et si le vent a la puissance de diuertir & de dissiper les seminaires de cette contagion épandus en l'air, & que l'air par vne qualité contraire peut corriger leur malignité, auec quelle raison nostre Autheur peut-il soustenir que la vertu de sa Poudre meprise la rencontre de ces choses, & communique sa vertu sans aucune diminution de sa force, & sans empeschement iusques à la partie malade ?

On dit qu'il n'y a pas de comparaison si iuste qui ne soit defectueuse en quelque poinct : mais ie ne croy pas qu'il en faille employer aucune, quand la chose que l'on veut comparer, ne s'accorde pas auec l'autre dans le fait dont il s'agit: c'est neantmoins la faute que commet nostre Autheur en tous les exemples qu'il allegue, pour prouuer l'effect ſympathique de ſa Poudre.

Il veut que la qualité de ſa Poudre ait de la conformité auec les maladies contagieuſes, quoy qu'elles ſoient du tout differentes. Celle des maladies contagieuſes deuroit eſtre plus puiſſante & plus agiſſante que l'autre, toutesfois elle ſe trouue beaucoup plus foible, & d'vne moindre eſtenduë. Il n'y a perſonne qui ne ſçache qu'il n'en eſt pas de la maladie comme de la ſanté, la maladie vient tout à coup & en peu d'heures, la ſanté ne ſe repare qu'auec vn long temps: la raiſon en eſt facile à rendre, c'eſt que les cauſes qui produiſent les maladies, ont beaucoup plus de force que les remedes, & rencontrent plus de facilité en leur action. Il eſt plus aiſé d'abattre vne maiſon que de la releuer, & il y a beaucoup plus de choſes requiſes pour eſtre ſain que pour eſtre malade, la ſanté conſiſte principalement dans vne mediocrité de toutes choſes; mais il ne faut que l'excés d'vne ſeule pour la troubler: il n'y a donc pas de raiſon de comparer l'effect d'vne cauſe maligne, & qui deſtruit noſtre nature entierement, auec l'effect d'vne choſe que l'on pretend pouuoir la conſeruer & la reſtaurer. Ie ne ſçay pas maintenant ſi noſtre Autheur voudra dire encore qu'il ne comprend pas pourquoy ie reiette cét exemple.

Pag. 23.

Pag. 26.

Et quoy qu'il die que pour eſtablir ce qu'on a deſſein de poſer, il ne ſuffit pas de rapporter vn ou deux exemples : neantmoins ie me contenterois s'il pouuoit ſeulement en produire vn qui euſt toutes les qualitez qu'il attribuë à la Poudre de Sympathie ; c'eſt à dire qui pût produire ſon action dans vn ſuiet fort éloigné, & duquel la vertu ne fût point affoiblie, ou interrompuë par les empeſchemens qui ſe rencontrent dans le milieu. Ie ne croy pas que les couleurs nous puiſſent fournir ce que nous deſirons : puiſque nous ne pouuons pas les diſcerner, ſi nous en ſommes vn peu éloignez, & ſi l'air eſt trouble & remply de broüillards. Il en eſt de meſme des ſons & des odeurs, & ie ne croy pas qu'il recoure plus aux influences, & à la vertu de l'ayman, puiſque nous luy auons montré les inconueniens qui s'y rencontrent.

Ie ne voy rien dans le reſte de ſon diſcours qui ſoit conſiderable, ne tendant qu'à éluder la force des obiections que i'auois propoſées contre la Poudre de Sympathie : c'eſt pourquoy ie paſſeray legerement pardeſſus. Premierement il dit, *que les remedes ſympathiques ne ſont autre choſe que des matieres capables de détacher les parties balſamiques, & ſi vous voulez la portion de l'humide radical, qui s'eſt ſeparée du corps auec le ſang coulé de la playe pour la faire retourner en ſa ſource.* Pag. 29. Voila à la verité vne Philoſophie de laquelle la nouueauté nous ſurprend. Cette ſeparation des parties balſamiques du ſang coulé hors des veines par l'application du vitriol calciné au Soleil, n'eſtoit pas encore venuë à noſtre connoiſſance, & noſtre veuë n'a pas encore eſté aſſez ſubtile pour remarquer la fermentation, par le moyen de laquelle cette ſeparation ſe fait ; auſſi n'eſt-elle pas ſi ſenſible & ſi apparente que celle qui ſe fait dans le mélange de l'huile de tartre & de l'eſprit de vitriol.

Et ce que l'on enſeigne dans les écholes, que de la priuation à l'habitude il n'y a point de retour, ſe trouue maintenant faux, s'il eſt vray que l'humide radical ſeparé du corps puiſſe retourner en ſa ſource. Ie ne pouuois pas m'imaginer que le ſang fût le ſuiet de l'humide radical, puiſque i'auois oüy dire iuſques icy, que les parties ſolides & ſpermatiques eſtoient le ſiege de cette humidité : c'eſt pourquoy ie me perſuade que noſtre Autheur ne fera pas conſiſter les fiévres hectiques dans les parties ſolides, mais pluſtoſt dans le ſang qui eſt contenu dans les veines; & ainſi ne fera point de diſtinction entre les fiévres ſynoques, & les fiévres hectiques. Voyons maintenant s'il a raiſon de dire, qu'il reſte dedans le ſang coulé hors des veines vne portion de cét humide radical, & ſi raiſonnablement on peut appeller de ce nom l'humidité qui ſe rencontre dans vn corps mort.

L'humidité radicale au dedans de nous, eſt le ſiege & le ſuiet non ſeulement de l'eſprit & de la chaleur naturelle, mais auſſi de la vie; & en cette con-

consideration elle a esté appellée radicale, dautant qu'elle est comme la source & la racine de la vie: comme donc la chaleur qui reste dans vn corps mort ne peut plus estre appellée chaleur naturelle, dautant qu'elle n'est plus suiette à l'ame, dont elle estoit auparauant l'instrument , mais est entierement assuiettie aux formes des elemens; aussi l'humidité qui reste aprés la mort ne peut pas estre appellée radicale, dautant qu'elle n'est plus la racine & la source de la chaleur & de la vie, & qu'elle n'est plus vn organe pour seruir dans les operations de l'ame. C'est pourquoy ce fondement estant détruit, ie croy que tout ce qu'il bastit dessus tombera facilement.

Quant à ce qu'il dit de l'operation du Soleil & de son influence, qui agit sur ce remede pour sa preparation: Ie doute fort qu'elle soit differente de la calcination qu'il peut receuoir par le moyen de la chaleur, laquelle ne luy donne rien de nouueau qu'vne plus grande acreté & seicheresse qu'il n'auoit auparauant. Toutesfois s'il est

*Pag* 31. 32. & 33.

F

veritable que le Soleil verſe des influences particulieres ſur le vitriol, lors qu'il eſt expoſé à l'air ſous de certaines conſtellations, il me ſembleroit à propos pour eſtre bien aſſeuré de la vertu de cette Poudre, auparauant que de l'employer, de faire dreſſer ſon horoſcope pour reconnoiſtre ce qu'elle promet.

Ce qu'il répond en ſuite au dilemme que i'auois propoſé touchant l'vſage de cette Poudre, que la vertu ſympathique dépend de l'application du remede ſur le ſang coulé de la playe, ou ſur l'inſtrument qui l'a faite, ne ſatisfait aucunement. Car comme le ſang ſorty d'vne playe, n'eſt pas vn ſuiet capable de ſanté ny de maladie; auſſi n'eſt-il pas propre à receuoir la guériſon, & les impreſſions que font les qualitez d'vn remede ſur vn corps viuant: & ſi l'adminiſtration & l'vſage des medicamens ne ſeruent de rien, lors que la nature vient à défaillir, & que les eſprits & la chaleur naturelle ne reluiſent plus en vne partie; que peut-on eſperer de l'application d'vn remede, ſur vne ſubſtance entierement ſeparée & éloignée de noſtre corps ? quelle communication peut auoir ce ſang auec la partie de laquelle il eſt ſorty ? eſt-ce par le moyen des eſprits ? il n'y a pas d'apparence, puiſqu'ils ſont diſſipez, ce commerce n'ayant pû eſtre entretenu dauantage, depuis que leur ſocieté a eſté rompuë. Eſt-ce à cauſe de la portion de l'humide radical qui eſt reſtée dans ce ſang ? mais nous auons montré que c'eſtoit vne folie d'y ſonger, & que cette humidité pretenduë, eſtant deuenuë barbare & eſtrangere, depuis qu'elle s'eſt détachée du ſeruice de l'ame, & qu'elle s'eſt ſoûmiſe à vne autre puiſſance & domination, ne pouuoit auoir aucune familiarité, & communication auec aucune ſubſtance de noſtre corps.

Il dit qu'il prend pour vn bon augure de ſon coſté, que ie demeure d'accord que les remedes ſympathiques ſeruent auſſi bien à la guériſon des animaux bleſſez, qu'aux playes du corps humain, ne conſiderant pas que ie fonde cét argument ſur vne ſuppoſition que mettent en auant ceux qui tiennent ſon Pag. 33.

party, de laquelle cependant ie ne demeure pas autrement d'accord, faisant voir qu'il n'y a pas d'apparence qu'vn mesme remede puisse produire vn mesme effect indifferemment sur les hommes, & sur diuerses sortes d'animaux: car si les hommes sont differens entr'eux de complexion & de temperament; à plus forte raison seront-ils differens en ce poinct des animaux de diuerses especes; & quoy que les principes de la generation des vns & des autres soient communs, cela n'empesche pas que la constitution particuliere d'vn chacun ne soit differente, à laquelle cependant il faut approprier la faculté du remede.

Pag. 41. Il tâche enfin de couurir de beaux pretextes les ceremonies que l'on obserue en cette cure, & le soin que l'on prend à resserrer & enuelopper le remede appliqué sur l'instrument qui a fait la blessure; & la raison qu'il en donne c'est que l'humidité contenuë dans le sang, venant à estre exposée à vn air libre & découuert, seroit incontinent dissipée & transportée çà & là: mais plustost n'y auroit-il pas plus suiet de craindre, que cette humidité qu'il suppose dans ce sang sorty des veines, ne fût beuë & absorbée passant à trauers des linges & bandes qui l'enuironnent, que dissipée & consumée dedans l'air : & si la qualité de cette Poudre ne rencontre aucun obstacle & empeschement dedans l'air, pour paruenir à la partie blessée ; pourquoy cette humidité qui est iointe à la qualité de ce remede, ne pourroit-elle pas estre transportée sans receuoir aucun dommage ?

Quant à ce que ie disois qu'il ne seruoit de rien de tenir l'instrument qui a fait la blessure, & qui est ainsi medicamenté, en vn lieu temperé, pendant qu'vne autre partie du sang répandu est exposée à l'air ; il répond que n'y ayant point eu de Poudre sur ce sang, il ne peut pas ressentir aucun de ces effects, voulant dire que cette Poudre par vne maniere de fermentation, réueille cette qualité sympathique residente en la portion de l'humide radical qui est dans ce sang : Mais puisque nous auons dit, que nous ne pouuons pas reconnoistre cette Pag. 43.

humidité pour estre radicale, & pour auoir quelque correspondance & sympathie auec celle de nostre corps, ie croy que c'est en vain qu'il allegue cette réponse.

Plusieurs autres ceremonies superstitieuses que l'on obserue en l'application de ce remede, nous font voir de quelle boutique cette inuention est sortie, n'y en ayant aucune qui soit fondée sur quelque raison naturelle. Par exemple ie demanderois volontiers à nostre Autheur, pourquoy ceux qui enseignent l'application de ce remede, recommandent d'en frotter l'épée commençant par la partie plus proche de la pointe, & finissant vers la poignée. Et au contraire, ils defendent de commencer l'application de ce remede sur la partie de l'épée qui est plus proche de la poignée, descendant aprés vers la pointe ? Il me trompera fort s'il en peut rendre aucune raison valable.

Le reste de son liure estant vn recueil des principales maximes, (que nous auons cy deuant détruites) sur lesquelles il establit son opinion ; ou pour mieux dire eſtant vn tableau racourcy, dans lequel il nous repreſente vne chimere qu'il a enfantée auec grande peine & trauail, ie ne penſe pas que quiconque ſe donnera la peine de le conſiderer, n'en reconnoiſſe aiſément la deformité, & ne iuge incontinent que c'eſt vne pure fiction, & vn ouurage de ſon imagination.

FIN.

## ERRATA.

pag. 10. lig. 5. au lieu de, seruir de, lisez faire.

*Pag.* 16. *ligne* 18. *au lieu de* suruient *lisez* arriue. Pag. 21. au bas de l'addition, au lieu de *iterum* lisez *itterum*.

pag. 17. lig. pen. au lieu de Joseph, lisez Josephe.

pag. 30. au lieu de hildamus lisez hildanus,

pag. 70. lig. 11. au lieu de, et que l'air, lisez et s'il est vray que l'air.

www.ingramcontent.com/pod-product-compliance
Ingram Content Group UK Ltd.
Pitfield, Milton Keynes, MK11 3LW, UK
UKHW021119260726
13994UKWH00002B/944

9 782329 435305